RÉFLEXIONS.

I

29900
8

Extrait de la *Revue de législation et de jurisprudence*, t. VIII,
4ᵉ livraison (31 juillet 1838).

PARIS. — IMPRIMERIE DE COSSON,
rue Saint-Germain-des-Prés, 9.

RÉFLEXIONS

ET RECHERCHES

SUR LE

SERMENT JUDICIAIRE,

Lues à l'Académie des sciences morales et politiques,
le 14 juillet 1838,

PAR M. BERRIAT–SAINT–PRIX.

———— ✦ ————

PARIS,

LANGLOIS, LIBRAIRE–ÉDITEUR,

RUE DES GRÈS–SORBONNE, 10.

——

1838.

RÉFLEXIONS ET RECHERCHES

SUR LE SERMENT JUDICIAIRE.

Une des solennités les plus imposantes de la vie civile et politique est sans contredit le serment, c'est-à-dire une promesse ou une affirmation faites en prenant la divinité à témoin de la bonne foi et de la sincérité de celui qui promet ou qui affirme.

Dans tous les temps et dans presque toutes les législations, et surtout en France, on a accordé une confiance singulière au serment.

Dans l'ordre politique, on l'a exigé de tous les dépositaires de l'autorité publique : pairs, députés, généraux, magistrats, administrateurs, instituteurs, avocats, officiers ministériels, percepteurs et jusqu'à de simples gardes champêtres ou forestiers, tous ont été soumis au serment, soit lors de leur entrée en fonctions, soit lors des divers changemens de régime opérés par des révolutions (serment de fidélité).

Dans l'ordre judiciaire, le serment a été considéré comme un des moyens les plus efficaces, soit pour arriver à la découverte de la vérité lorsque des faits étaient déniés, soit pour établir des droits quand ils étaient méconnus.

Ainsi, on l'a exigé des témoins, des experts, des interprètes (1) appelés à éclairer la justice par des récits, des opérations, des traductions (serment promissoire).

(1) Lois 9 et 18, Code *de Testibus;* arrêt du parlement d'Aix, du 24 janv. 1665, dans Boniface, part. 3, liv. 1, ch. 4, édit. de 1708, t. 2,

Ainsi, on a permis au juge de s'en servir, soit comme complément d'une preuve insuffisante (serment (1) supplétoire), soit comme tenant tout-à-fait lieu d'une preuve (serment déféré d'office, et serment (2) en plaid)..., ou bien on lui a prescrit de l'admettre comme une preuve complète et décisive (3), lorsqu'il était déféré par une des parties, ou référé par son adversaire (serment décisoire).

D'anciens législateurs sont allés plus loin : ils ont exigé que le serment accompagnât les simples conventions des particuliers pour qu'elles fussent obligatoires (4).

Mais du moins cette règle n'était suivie que dans quelques provinces (le Hainaut, la Franche-Comté, la Bretagne), tandis que des lois générales pour la France y soumirent, d'une part, le plaideur interrogé en matière civile (*ordonnance de 1667, tit.* x, *art.* 7), le plaçant ainsi entre sa conscience et ses intérêts temporels (5) ; et, de l'autre, l'accusé, le fût-il d'un

p. 272 ; ordonn. de 1667, tit. 22, art. 14 ; ordonn. de 1670, tit. 5, art. 1 (avec les observations de Bornier), et tit. 6, art. 5 ; Code de procédure, art. 262, 305 ; Code d'instruction crimin., art. 75, 155, 317, 332.

(1) Pothier, Traité des obligations, no 834.

(2) Code civil, art. 1366 à 1369.

(3) D'après une loi romaine (L. 2, *Dig. de jurejur.*), il a même plus d'autorité que la chose jugée, c'est-à-dire que le titre le plus solide, le plus irréfragable des droits des particuliers ; c'est que le mineur était restituable contre la chose jugée, et ne l'était pas contre le serment (L. 4, C. *Si adversus rem ;* L. 3, C. *Si minor se major.*).

(4) Chartes générales du Hainaut, ch. 119, art. 1 et 2, édition de 1666, in-4o, p. 332, 333 ; La Bigotière, sur la coutume de Bretagne, art. 498, édition de 1702, p. 621 ; édit de novembre 1703, dans le recueil des édits enregistrés à Besançon, édition de 1772, t. 2, p. 220 (il prohibe ces sermens).

Jusqu'au milieu du xive siècle, les juges ecclésiastiques de Bretagne, avant d'admettre les parties à plaider, leur faisaient jurer de s'en tenir au jugement qu'ils allaient rendre. (V. Lobineau, Histoire de Bretagne, 1707, t. I, p. 307.)

(5) Le projet primitif de l'ordonnance ne permettait l'interrogatoire que sur des faits communiqués ; sur quoi Lamoignon proposa de sup-

crime emportant une peine capitale. En vain lorsqu'on discuta le projet de loi où se trouvait cette règle si étrange (*ordonnance de* 1670, *tit.* XIV, *art.* 7), l'illustre premier président de Lamoignon observa-t-il que rien de semblable n'existait dans la plupart des états européens; que l'usage s'en était introduit chez nous à l'exemple de la procédure barbare de l'inquisition; que, selon beaucoup de théologiens, un homme pouvait, sans scrupule, manquer à son serment lorsqu'un aveu l'exposait à une condamnation à mort.... La règle fut maintenue (1); il n'a pas moins fallu qu'une grande révolution pour la faire abroger (*loi du* 3 *novembre* 1789), et celle du serment de l'interrogé en matière civile a été encore plus vivace, quoique Lamoignon eût observé qu'elle causerait beaucoup de parjures (2); elle n'a été abrogée que dix-huit ans après la première, en 1807 (3).

Ce coup d'œil rapide prouve suffisamment la confiance au serment dont nous avons parlé, et néanmoins plusieurs faits annoncent que dans les lois et leur application l'on ne s'y abandonnait pas toujours sans réserve, et bien loin de là. Citons-en quelques uns.

En premier lieu, on prescrit de prêter le serment en personne, et l'on défend ainsi de jurer par l'entremise d'un pro-

primer l'interrogatoire même, parce qu'ainsi réduit, il ne servirait à rien et causerait beaucoup de parjures; mais comme il émit le vœu qu'on permît au juge de questionner sur des faits non communiqués, on adopta cette proposition, et il ne fut plus question de la remarque relative au serment. (*Procès-verbal des conférences sur l'ordonn. de* 1667, p. 211).

(1) Pussort convint qu'elle n'était fondée que sur un usage, et néanmoins répondit, mais très-faiblement, à Lamoignon, dont l'avis fut ensuite combattu, mais plus à l'aide d'assertions que de preuves, par l'avocat-général Talon. Le chancelier ferma la discussion en disant qu'il fallait en parler au roi, ce qui signifiait toujours, dans ces conférences, que le projet serait maintenu (*Procès-verbal etc., de* 1670, *p.* 193 *et suiv.*)

(2) Voir note 5, pages 6 et 7.

(3) Par le Code de procédure civile, art. 333.

cureur spécial (1), craignant sans doute que, par des distinctions subtiles, la partie intéressée ne regarde pas sa conscience engagée par les déclarations de son mandataire.

En second lieu, on fait renouveler le serment dans des circonstances où cela paraît peu utile.

Par exemple, quoique, à leur réception les avocats aient prêté un serment qui les engage pour tout le temps où ils seront attachés au barreau, on le leur fait réitérer chaque année à l'audience solennelle de rentrée des cours de justice. A Paris, il est vrai, les membres de leur conseil de discipline, par une assez grande singularité, le prêtent au nom de leurs confrères, mais ailleurs, aucun n'en est dispensé, et nous avons vu un parlement soumettre les avocats, alors absens pour cause légitime (2), à faire ensuite des visites aux magistrats et à prêter le serment dans une audience ordinaire.

Il en est de même des jurés. A chaque cause où le sort les appelle, semblable répétition d'un serment dont la formule est la même pour toutes, comme si dans l'espace de quelques heures pendant lequel ils peuvent être juges du fait de deux ou trois causes, ils pouvaient avoir oublié l'engagement contracté pour la première!... En Angleterre, du moins, se contente-t-on d'un seul serment pour toutes les causes jugées dans la même vacation (3).

(1) Arrêts des parlemens ou chambres de Dijon, de Rennes, de Paris et de Castres, de 1561, 1584 et 1635, dans Dufail, Mémoir. et arrêts, édit. de 1737, liv. Ier, chap. 649, p. 548; Despeisses, Ordre judiciaire, tit. 10, sect. 4, art. 2, n° 1, dans ses œuvres, édition de 1664, tom. II, p. 534; Code de procédure, art. 124; etc.

(2) Le parlement de Grenoble.... Les avocats et procureurs y défilaient devant les magistrats assis sur des banquettes fleurdelisées fort élevées. En passant, ils mettaient la main sur l'Évangile, que tenait le premier président. En descendant l'escalier de ces banquettes, ils proclamaient à haute voix leur nom, qu'écrivait un commis greffier.

(3) Cottu, De l'administration de la justice criminelle en Angleterre, 1820, p. 78 et 79.

En troisième lieu, on a souvent et long-temps entouré le serment de formes propres, on le croyait du moins, à lui donner beaucoup plus de force que la simple invocation à l'Être suprême.

Nous ne parlerons point des formes qui lui sont à peu près étrangères, comme le serment par la tête du monarque (1), par la tête de celui qui jure, par ses enfans, par ses armes, son tombeau, sa poitrine, ses dents, sa langue, ses cheveux (2), son cor de chasse, son fouet et ses chiens (3); nous passerons à celles où l'on s'adressait directement ou indirecsement à la divinité.

Nous citerons d'abord les sermens sur les reliques (4), par exemple le serment sur le bois de la vraie croix (5), le serment sur les corps de saint Denis, de saint Martin, de saint Germain (6); le serment sur le bras de saint Antoine... Cette dernière espèce de serment était surtout en grande vénération dans le midi de la France au seizième siècle, et la dispense d'y être assujétis parut aux protestans un avantage assez considérable pour la réclamer d'une manière expresse lors des édits ou traités de pacification qui suivirent les premières guerres civiles (7).

Quant au bois de la vraie croix, le consciencieux, le scru-

---

(1) Anne Robert, *Rerum judicatarum*, lib. I, c. 11, édit. de 1611, f. 72.

(2) Voir pour ces sermens, Ducange, édit. de 1739, tom. III, mot *Juramentum*; Brillon, édit. de 1727, tom. III, p. 979, mot Jurement.

(3) C'était le serment d'un officier des anciens rois de Galles. (Mangourit, Voyage fait en Hanovre, en 1803, page 277.)

(4) Voy. Ducange, *suprà*, id., p. 1598, 1607, 1610.

(5) Voy. Ducange, *suprà*, id., p. 1607; Robert, Hevin et Ménage, cités ci-après, p. 10, notes 1 et 2.

(6) Daniel, Histoire de France, tome I, p. 409, an 754, édit. de 1713, in-folio.

(7) Nemo cogeretur in judicio tacto sancti Antonii, quod Burdigalæ summè religiosum habetur, brachio, jurare. *De Thou*, *lib.* 37, édit. de 1620, tom. II, page 320.

puleux Louis XI, n'accordait pas facilement de l'autorité à tous les fragmens qu'on en présente à la vénération des fidèles ; c'était surtout la croix de l'église de Saint-Lô qui obtenait son suffrage (1). Nous avons les procès-verbaux de trois sermens prêtés successivement en 1477, en présence de divers officiers publics, par son gendre, le sire de Beaujeu, par le seigneur de la Guiche et par l'évêque de Mende. Ils juraient d'avertir le roi des entreprises de ses ennemis et de le servir contre eux, et, déclara à haute voix, l'évêque prosterné, nue tête, et touchant la précieuse relique placée sur un carreau de soie auprès du grand autel : « Et, en cas que je fasse » le contraire, la punition que faict ladicte vraie croix me » puisse arriver (2) ».

Nous indiquerons ensuite les sermens sur le *te igitur*, c'est-à-dire le canon de la messe, sur la croix du missel (3), sur le corpus christi, ou en présence du corpus christi (4), en observant que vers la fin du seizième siècle, ils furent abandonnés et même défendus, ainsi que les sermens sur les reliques (5),

(1) Robert, *suprà*, f. 74; Hevin sur Frain, ch. 112, édition de 1684, page 688.

(2) Ménage, Remarques sur la vie de Guillaume Ménage, à la suite de celle de Pierre Ayrault, 1675, page 387. — Voir d'autres exemples de sermens sur la croix de Saint-Lô, dont l'un fut demandé au roi lui-même, en 1472, dans Lobineau, Histoire de Bretagne, t. I, p. 720 et 724.

(3) Ducange, *suprà*, p. 1607; La Roche-Flavin, liv. 3, lettre S, tit. 11, arr. 7, édit. de 1682, pag. 316; Papon, livre 9, titre 6, n° 24, édit. de 1608, p. 542; Robert, *suprà*, f. 70; Despeisses, *suprà*, art. 2, n° 8, page 535.

On nommait *te igitur* le canon de la messe, sans doute parce qu'il commence par ces mots.

(4) Dufail, *suprà*, liv. 1, ch. 117, p. 173; Frain et Hevin, *suprà*, p. 686, 688; Ducange, *suprà*, p. 1615; Lobineau, Histoire de Bretagne, I, 380.

(5) Arrêts de 1556, 1582, 1585 et 1638, dans Dufail, *suprà*, liv. 1, chap. 14, p. 14; Bergeron, note sur Papon, *suprà*, p. 535; Robert, *suprà*, f. 70 et 78; Despeisses, *suprà*, n° 8, p. 535; Imbert, Pratique ju-

ce qui s'explique facilement pour ces derniers, parce que plusieurs écrivains chrétiens avaient déjà contesté l'authenticité de certaines reliques, et que leurs objections recevaient un grand poids de la circonstance que souvent les mêmes reliques se trouvaient dans plusieurs églises, dont les chefs soutenaient tous posséder les véritables.

Mais de toutes les formes propres à donner plus de force au serment, les plus imposantes sont, sans contredit, celles des juifs, et nous devons d'autant mieux les rapporter, qu'elles sont encore usitées aujourd'hui. Voici un extrait du procès-verbal d'un serment prêté en 1812, devant un président de la cour de Colmar (1), en exécution d'un arrêt qui condamnait un alsacien à payer 2,400 francs à un juif, à la charge par celui-ci de jurer qu'il n'avait pas retenu une partie des espèces.

La cérémonie se fit dans la synagogue de Wintzenheim (Haut-Rhin). Les parties s'y présentèrent. Le créancier était costumé comme un juif doit l'être lorsqu'il fait sa prière, savoir : le front et le bras gauche ceints d'une courroie, la tête couverte d'un voile, le corps revêtu du manteau légal. Le rabbin fit apporter avec pompe le COSCHER-SEPHER-THORA, ou livre de la loi, écrit sur un rouleau de parchemin, enveloppé de soie et orné de plaques d'argent, et le plaça sur une estrade. Il lut à deux reprises le verset : *Tu ne prendras pas le nom de Dieu en vain*, et expliqua au créancier le serment et les malédictions qu'encourent les parjures (2). Alors le

diciaire, avec les notes de Guenois et d'Automne, édit. de 1619, p. 324; Hevin, *suprà*, p. 688.

(1) Jurisprudence du Code Napoléon, tome XIX, p. 380.

(2) D'après ces formes préliminaires, la présence d'un rabbin est, on le conçoit, essentielle à la validité du serment d'un juif. Quel parti prendre si le rabbin du plaideur refuse d'y présider? On n'aura d'autre ressource que l'appel comme d'abus au conseil d'état, qui, en cas d'abus, pourra

créancier étendant la main droite sur le verset, prêta à haute voix, le serment en ces termes :

« ADONAÏ, créateur du ciel, de la terre et de toutes choses, » qui es aussi le mien et celui de tous les hommes présens ici, » je t'invoque par ton nom sacré, en ce moment où il s'agit » de dire la vérité et je jure par lui de dire la pure vérité. Je » jure en conséquence que, lors de l'obligation du 30 janvier » 1810, après la délivrance des 2,400 francs y stipulés, je » n'ai point retiré de l'emprunteur 800 francs. Je te prie donc, » ADONAÏ, de m'aider et confirmer cette vérité. Mais dans le » cas où en ceci j'emploierais quelque fraude, en cachant la » vérité, que je sois éternellement maudit, dévoré et anéanti » par le feu dont Sodome et Gomorrhe périrent, et accablé » de toutes les malédictions écrites dans le *Thora*, et que » l'Eternel qui a créé les feuilles, les herbes et toutes choses, » ne vienne jamais à mon assistance dans aucune de mes af- » faires ni de mes peines; mais si je dis vrai et agis bien, » qu'ADONAÏ me soit en aide. »

Les faits précédens suffisent sans doute pour prouver que, comme nous l'avons dit, la confiance des législateurs dans l'effet du serment, était loin d'être sans limites. Nous pourrions en ajouter d'autres qui annonceraient même une grande méfiance. Tel serait surtout pour les législateurs modernes leur espèce de prodigalité du serment politique. Ce serment a, en effet, dans un assez court intervalle de temps, été soumis à un si grand nombre de variations (1), que son autorité

déléguer, pour la cérémonie, un autre rabbin. *Voir* arrêt de la Cour royale de Metz, du 5 janvier 1827, Journal des avoués, tom. XXXII, p. 352.

(1) Voici les espèces de sermens politiques modernes que nous avons recueillis, et probablement notre liste est incomplète.

Fidélité au roi (serment de 1789).

— A la nation, à la loi et au roi (décr. du 4 février 1790);

— A la liberté et à l'égalité (décrets des 14 et 15 août 1792);

a dû en être fort affaibli auprès de bien des personnes, ce qui aurait dû amener les législateurs à attacher moins d'importance au serment purement civil, à cause de la similitude de leurs formes.

Bien loin de là, quoique, lors de la confection du Code d'instruction criminelle, en 1808 (1), on eût déjà l'expérience d'un assez bon nombre de ces variations, on sembla avoir repris une nouvelle confiance dans les effets du serment. Il suffit d'en citer un exemple.

Le Code qu'on allait remplacer et qui était en vigueur depuis treize ans (2), ou le Code de Brumaire an IV (25 octobre 1795) se bornait à exiger des jurés et des témoins une simple promesse, savoir : pour les jurés, de bien remplir leurs fonctions, et pour les témoins (3), de parler sans haine et sans

---

Fidélité à la république (décr. du 27 septembre 1792);
— A la république et à la constitution de l'an III (loi du 12 thermidor an VII);
Haine à la royauté (décret du 29 nivose an IV);
— A l'anarchie (loi du 24 nivose an V);
Fidélité à la constitution de l'an VIII (loi du 24 nivose an VIII);
Obéissance aux constitutions de l'empire et fidélité à l'empereur (sénatus-cons. du 28 floréal an XII, art. 156).
Fidélité au roi et observation des lois, ordonnances et réglemens, en se conformant à la charte de 1814 (ordonn. des 15 et 27 février (art. 4) et 3 mars 1815, art. 3);
Obéissance aux constitutions de l'empire et fidélité à l'empereur (décret du 8 avril 1815, art. 1er);
Fidélité au roi, et observation des lois, ordonnances et réglemens en se conformant à la Charte de 1814 (ordonnance du 18 septembre 1815, art. 4).
Fidélité au roi des Français et obéissance à la Charte constitutionnelle et aux lois du royaume. (Loi du 31 août 1830, art. 1er. — Voir aussi Commentaire sur la Charte, par Félix Berriat-Saint-Prix, 1836, p. 252.
(1) Il fut promulgué en novembre et en décembre 1808, mais seulement mis en activité dans le courant de 1811. Voir notre cours de droit criminel, 4e édition (1836), p. 55, note 10.
(2) Il l'a été pendant plus de quinze ans. Voir la note précédente.
(3) Code de brumaire, art. 343, 350. — La promesse exigée des jurés

crainte, de dire toute la vérité, rien que la vérité. Le mot *promesse* parut sans doute trop faible; on ajouta, pour les premiers, le mot *jurer* au mot promettre; et pour les seconds, on substitua le mot *serment* au mot promesse; et la forme fut prescrite pour tous sous une peine que ne prononçait point le Code de brumaire, la peine de nullité (Code crim., art. 312, 316). Nous disons *parut sans doute trop faible*, parce qu'on n'a donné aucun motif de ces changemens divers (1).

Quoi qu'il en soit, ils furent accueillis par un tribunal qu'on ne saurait citer sans éloges, et auquel nous ne croyons pas qu'on puisse en comparer aucun autre dans les temps anciens ou modernes, la cour de cassation (2). En 1811, 1812 et 1813, elle annula six arrêts de condamnation (3), parce que des témoins, même de simples témoins à décharge, au lieu de *jurer*, avaient simplement *promis* de parler sans haine, sans crainte, etc.

Bien plus, ayant pour système de forcer les tribunaux à se renfermer dans l'application la plus stricte de la loi, elle jugea bientôt et elle juge encore aujourd'hui que les formes de la procédure d'assises non constatées dans le procès-verbal qu'en tient à chaque séance le greffier et qui est signé de lui et du président, seraient réputées omises (4). Or le serment

par cet art. 343, se rapporte, à très-peu près, à ce que leur fait jurer le Code criminel actuel.

(4) Les art. 310 à 318 et 155 à 158, dit M. Locré (t. XXV, p. 392 à 394 et p. 268). n'ont donné lieu à aucune observation au conseil d'état... Nous n'en avons point trouvé non plus (ib., p. 562 et 585) dans l'exposé des motifs, ni dans le rapport de l'orateur du tribunat.

(2) Voir ce que nous en disons dans la note 3 de l'avis préliminaire de chacune des éditions du Cours de droit criminel déjà cité.

(3) Arrêts de cassation des 26 décembre 1811, 16 janvier, 9 avril et 4 juin 1812 et 23 avril 1813. (*Voir* à ces dates, le Bulletin officiel des arrêts de cassation, partie criminelle.)

(4) Voir même Cours de droit criminel, 4ᵉ édition, p. 195, note 69, nᵒ 3, et p. 177, note 41, nᵒ 2.

des témoins est au nombre de ces formes, d'où l'on pressent l'annulation d'un grand nombre de procédures. Comment, en effet, à la suite de séances si longues, si compliquées, si pénibles, se promettre que ces deux officiers ne commettront jamais d'inadvertance (1)? Un seul mot de la formule du serment omis dans le procès-verbal, ou bien tracé par surcharge ou par interlignes sans leur approbation expresse, par exemple, le mot *toute* qui doit précéder les mots *la vérité*, omis, ou surchargé, ou interligné dans le procès-verbal d'une seule déposition, peut-être insignifiante, a suffi pour faire annuler une condamnation (2) fondée sur un grand nombre de dépositions dont le serment était régulièrement constaté.

On pressent aussi les conséquences d'une semblable méthode : frais énormes pour le trésor public, et ce qui est peut-être non moins fâcheux, danger de voir dépérir les preuves par la mort, les maladies, les voyages, la subornation des témoins qui peuvent survenir ou être effectuées pen-

(1) On n'est sans doute pas exposé à autant d'inadvertances dans le récit des séances des tribunaux de police ; mais, vu le peu d'importance des infractions dont ils connaissent, on n'avait pas, ce nous semble, les mêmes raisons d'exiger que les formes de leurs procédures fussent aussi rigoureusement constatées que celles des assises, et néanmoins la Cour de cassation décide encore que, lorsque la formule du serment des témoins n'est pas toute rappelée, ou dans les notes du greffier, ou dans le jugement du tribunal de police, elle est réputée n'avoir pas été régulièrement suivie, ce qui entraîne la nullité du jugement. (*Voir même édition*, p. 141, *note* 10, *no* 4.)

(2) Voir même édition, p. 177, note 41.

C'est encore ce que la Cour suprême vient de décider le 7 décembre dernier (1837), en cassant un jugement du tribunal d'Alger. (Même Bulletin criminel.)

Et néanmoins, un des plus savans criminalistes modernes, Le Graverend (Traité de législat. criminelle, édit. de 1816, t. I, p. 250) soutient qu'on pourrait contester la doctrine relative à l'omission du mot *toute*, parce que celui qui jure de dire la vérité, s'engage par-là même à la dire toute entière.

dant l'intervalle toujours fort long qui sépare la première condamnation, de la nouvelle session d'assises à laquelle l'affaire est renvoyée (1).

On peut néanmoins la justifier jusqu'à un certain point, par cette considération que les dépositions faites aux assises n'étant point recueillies par écrit comme en matière civile, on ne peut légalement savoir si la déposition réputée irrégulière, était ou non de quelque importance pour la condamnation.

Mais cette considération nous semble tout-à-fait inapplicable aux dépositions des témoins à décharge. Assurément les accusés ne sont pas assez insensés pour en produire dont les déclarations tendraient à constater leur culpabilité ; elles ne sauraient donc influer sur la condamnation. Par malheur, la loi s'exprime en termes généraux. Les témoins, dit-elle, (Code d'instruction criminelle, article 347), prêteront serment, etc.; dans son rigorisme, la cour suprême n'a vu là aucune exception pour les témoins à décharge (2), et pour être conséquente, elle fut forcée d'appliquer sa règle dans un procès relatif à un crime horrible, à l'assassinat du malheureux Fualdès. Trois cent vingt témoins y avaient déposé (3), et sur les lieux mêmes de cet épouvantable forfait. La procédure était régulière ; mais le procès-verbal ne

(1) On en verra un exemple, p. 17 et note 2, *ibid*.

(2) Elle ne regarde pas cependant le mot *témoin* lorsqu'il est employé seul dans la loi, comme désignant toujours les témoins à décharge aussi bien que les témoins à charge. En effet, selon sa jurisprudence (*voir* Cours de droit crim., déjà cité, p. 174, note 36, n° 1), la Cour d'assises peut refuser de renvoyer une affaire à une autre session, lorsque, avant l'ouverture des débats, on s'aperçoit de l'absence d'un témoin à décharge, quoique le Code, en autorisant (art. 354) le renvoi en pareil cas, parle de l'absence *d'un témoin* en général, sans ajouter les mots *à charge*.

(3) 243 témoins à charge et 77 à décharge, non compris plusieurs autres témoins entendus sans serment, en vertu du pouvoir discrétionnaire du président de la Cour d'assises. (*Voir* les journaux de septembre 1817.)

constatait point le serment de plusieurs témoins à décharge. L'arrêt de condamnation fut cassé (1) ; il fallut tout recommencer dans un autre département, et l'on eut encore besoin de huit mois pour terminer le procès (2). Le résultat, il est vrai, n'en fut pas en faveur des coupables (3), mais dans d'autres circonstances ils ont été plus heureux.

Quel que soit le scrupule de la cour suprême dans l'application stricte de la loi, on ne saurait s'empêcher de penser que la persuasion où étaient ses magistrats de l'extrême confiance des législateurs modernes dans le serment, n'ait pu influer sur de semblables décisions(4).

(1) Arrêt de la Cour d'assises de Rodès (Aveyron), du 12 septembre 1817, cassé le 9 octobre suivant.... Il n'y avait pas d'autre moyen de cassation (même Bulletin criminel), et, comme nous le ferons remarquer dans une de nos dernières notes (p. 36), il y avait peu de vraisemblance que le serment de ces témoins eût en effet été omis.

(2) Le procès fut porté à la Cour d'assises d'Alby (Tarn) et jugé par elle, le 4 mai 1818. Le pourvoi des condamnés contre son arrêt fut rejeté dès le 30 du même mois (Bulletin criminel de cassation), et l'arrêt de rejet expédié sur-le-champ et envoyé par *estafette*, de sorte que l'exécution pût en avoir lieu dès le 3 juin (Moniteur de 1818, p. 714). On ne manqua pas, on le voit, de diligence dans cette affaire, et cependant l'assassinat remontait à quatorze mois (19 mars 1817), et, sans le premier arrêt de cassation, elle eût été terminée dans la moitié moins de temps.

(3) On trouve des détails infiniment curieux sur cette horrible affaire, dans la Biographie des contemporains, par MM. Rabbe, Bois-Jolin et Sainte-Preuve, article Clémandot (l'auteur prétend qu'on n'a pas puni, ni peut être même voulu poursuivre tous les coupables).

(4) En voici d'autres sur lesquels il est permis de penser que la même persuasion aura pu exercer de l'influence.

I. Le Code criminel de 1808 (art. 79) dispense de la prestation de serment les mineurs de quinze ans appelés à fournir des renseignemens au juge-instructeur, lorsqu'il fait les procédures relatives à la recherche des crimes ou délits; mais il ne renouvelle pas en termes exprès cette dispense pour la procédure des assises. La Cour de cassation induisit de ce silence que la loi soumettait ces mineurs à prêter serment aux assises, et en conséquence elle annula, les 17 et 20 février et 19 mars 1812, trois arrêts où l'on n'avait pas exigé cette prestation de quelques témoins, même à décharge, âgés de moins de quinze années. (*Voir notre Cours de droit*

Cette confiance, d'après ce que nous avons dit, est sans doute fondée sur une opinion très-ancienne et très-répandue, opinion fondée peut-être elle-même sur cette fidélité inébranlable des Romains au serment qui a excité l'admiration de Montesquieu (1); et néanmoins on aurait pu opposer à cette confiance, des faits et des opinions bien propres à l'ébranler.

Et d'abord, la pratique de l'état du monde, et le plus peuplé, et le plus anciennement civilisé. A la Chine, on ne connaît point le serment judiciaire, comme nous l'a attesté le membre de l'Institut qui a le plus approfondi la littérature, la législation, les mœurs de l'empire céleste (2). Et toutefois, si l'usage de cette solennité pouvait être utile, est-il possible que pendant quarante siècles de civilisation de cent, deux cents, trois cents millions d'individus (3), il ne se fût point présenté, soit

criminel, 4e édit., p. 132, note 16, no 2.) Ce ne fut qu'au bout de plusieurs mois (3 décembre 1812), et après une réunion de ses chambres, qu'elle abandonna cette interprétation. (Voir même no 2.)

II. Quoique la solennité de la prestation de serment soit prescrite surtout dans l'intérêt des parties, la Cour de cassation décide qu'elles n'ont pas le droit d'y renoncer, c'est-à-dire d'en affranchir les individus qui y sont soumis. Ainsi, deux jugemens de police par lesquels des individus, accusés d'avoir altéré des boissons, avaient été absous sur le rapport d'un expert dont il résultait qu'il n'y avait pas d'altération, furent cassés les 27 novembre et 27 décembre 1828, parce que cet expert avait fait ses opérations sans prestation de serment, quoiqu'il en eût été dispensé sur le consentement libre et formel, et du ministère public, et des prévenus de l'altération. (Voir même 4e édit., p. 141, note 10, no 3, et ces deux arrêts au Bulletin criminel.)

(1) Esprit des lois, liv. VIII, chap. 13. — «Le serment, dit-il, eut tant de force chez ce peuple que rien ne l'attacha plus aux lois. Il fit bien des fois, pour l'observer, ce qu'il n'aurait jamais fait pour la gloire ni pour la patrie.» (Il en cite plusieurs exemples.)

(2) M. Stanislas Julien, de l'Académie des inscriptions.

(3) M. Eyriès (Voyage pittoresque en Asie, 1827, p. 190) évalue la population de la Chine, à 146 millions d'habitans; le père Amyot, à 150 (Dictionnaire géographique universel, édition de Kilian, 1825, tom. II, p. 778, art. Chine, de feu Abel Rémuzat); Malte-Brun, à 155 (Traité élé-

au gouvernement, soit aux tribunaux, de circonstance où ils eussent été portés à l'introduire dans les lois ou les jugemens?

Passons à des peuples plus rapprochés de nous.

Dans deux sectes chrétiennes modernes, l'usage du serment n'est pas seulement inconnu, il est encore prohibé. Chacun a déjà nommé les Quakers et les Anabaptistes (1), et personne n'oserait dire que leurs mœurs soient moins pures, moins austères que celles des peuples qui passent pour les plus fervens catholiques, les Italiens, les Espagnols, les Portugais.

Lorsque ces sectaires commencèrent à devenir un peu nombreux, le serment était consacré dans une foule de circonstances par les lois européennes. Il dut donc s'en présenter bientôt où les magistrats fussent dans le cas de l'exiger d'eux. Cela arriva notamment en Angleterre, pays où le serment est

mentaire de Géographie, 1821, tom II, p. 129); le père Hallerstein, à 198 (Rémuzat, même page 778); M. Edouard Biot, à 250 (Journal des savans, 1838, p. 276); lord Macartney, à 333 (Voyage, traduction, tom. IV, p. 209, et Rémusat, même page 778); l'almanach impérial de la Chine, à 360 (même page 276 du Journal des Savans).... M. Julien penche pour la dernière évaluation.

(1) Pour les Quakers, voir ce que nous allons exposer au texte.... A l'égard des Anabaptistes, il y en avait un petit nombre en Alsace, sur la fin du règne de Louis XIV. Ce monarque ordonna, en 1712, de les expulser de France. L'ordre fut sans doute mal exécuté; car, en 1728, Louis XV décida que ces sectaires seraient tolérés, mais sous la condition que leur nombre ne pourrait s'accroître. Quoique dans une semblable position ils eussent intérêt à se faire oublier, le serment leur inspirait tant de répugnance, qu'en 1766 ils s'adressèrent au roi lui-même pour en être dispensés. Leur demande fut rejetée avec indignation, et néanmoins, au bout de trois ans, l'un d'eux étant cité comme témoin dans une enquête, refusa avec obstination de jurer. Il fut d'abord incarcéré, ensuite menacé, et enfin, après de nouveaux refus, puni par un bannissement perpétuel de France, prononcé le 7 septembre 1769, par le conseil supérieur de Colmar, dont Louis XV, écrivait le duc de Choiseul, approuva beaucoup l'arrêt. Voir Recueil des édits, etc., relatifs à l'Alsace, par le premier président de Boug, 1775, tome I, p. 414 à 416.

en grande vénération, où il suffit à un homme de le prêter pour avoir le droit d'en faire emprisonner un autre dont il affirme, fût-ce de mauvaise foi, être créancier (1).

Suivant le récit d'un auteur du temps, reproduit et peut-être embelli par Voltaire (2), l'orateur de leur députation adressa le discours suivant au premier magistrat des trois royaumes, le lord-chancelier :

« L'ami chancelier, tu dois savoir que notre Sauveur ne permet d'affirmer que par oui et par non.... Il dit expressé-ment : Je vous défends de jurer, ni par le ciel, parce que c'est le trône de Dieu ; ni par la terre parce que c'est l'esca-beau de ses pieds ; ni par la tête, parce que tu n'en peux rendre un seul cheveu ni blanc ni noir. Cela est positif, notre ami, et nous n'irons pas désobeir à Dieu pour complaire à toi et à ton parlement. »

« On ne peut mieux parler, répondit le chancelier ; mais il faut que vous sachiez qu'un jour Jupiter ordonna que toutes les bêtes de somme se fissent ferrer ; les chevaux, les mulets, les chameaux même obéirent incontinent ; les ânes seuls résis-tèrent : ils représentèrent tant de raisons, ils se mirent à braire si long-temps, que Jupiter qui était bon, leur dit en-

(1) « Quoiqu'on ait beaucoup songé en Angleterre, dit Lacroix (Consti-tutions des états de l'Europe, 1791, tom. II, p. 302), à la liberté des per-sonnes, elle est violée sur la simple affirmation d'un homme qui réclame une dette même imaginaire. Un ministre ne peut faire arrêter un citoyen par ordre du roi ; mais il peut très-facilement lui supposer un créancier. L'attentat que la société interdit à ses chefs, elle le permet au premier particulier de mauvaise foi. »

Ajoutons que cet abus existe encore, si ce n'est qu'on punit l'individu qui en a profité, lorsqu'on découvre qu'en effet il n'était pas créancier. On en a eu récemment un exemple (*Voy. Gazette des Tribunaux, du 22 mai 1838, p. 733*).

(2) Son article parut d'abord en 1770, dans ses Questions sur l'encyclo-pédie, première partie. On en a ensuite fait l'article *Affirmation*, dans le Dictionnaire philosophique. Voir ses œuvres, édit. Beuchot, t. 26, p. 112.

fin : Messieurs les ânes, je me rends à votre prière ; vous ne serez point ferrés : mais le premier faux pas que vous ferez, vous aurez cent coups de bâton. »

Il faut avouer, ajoute Voltaire (il écrivait ceci en 1770), que les quakers n'ont jamais jusqu'ici fait de faux pas.

Nous devons également l'avouer : si cette assertion est exacte, et nous n'avons pas connaissance qu'on l'ait contredite (1), elle fournit une arme bien puissante aux adversaires du serment.

La même difficulté s'est présentée en France depuis la révolution, non pas, il est vrai, en matière criminelle (2), où sa solution pourrait offrir quelque embarras, parce que, d'après la cour suprême, une agrégation à une association religieuse ne saurait dispenser du serment légal (3), mais bien en matière politique et en matière civile. En 1791, les Quakers demandèrent à l'assemblée constituante d'être dispensés du

(1) Elle ne l'a point été, entre autres, dans deux occasions où cela eût été assez naturel si l'on avait cru qu'elle fût inexacte, 1° dans l'article *Quaker* du Dictionnaire de théologie (*Encyclopédie par ordre de matières*) de Bergier, publié en 1790, où l'on reconnaît au contraire l'exacte probité et la pureté de mœurs de ces sectaires (tom. III, p. 307), quoique sous tous les autres rapports, on fasse d'eux une satire virulente... 2° dans le procès de 1809 dont nous parlerons (p. 22) et lors duquel les adversaires d'un quaker prétendaient même qu'il n'observait pas scrupuleusement les rites de sa religion.

(2) Depuis la rédaction de notre mémoire, nous avons découvert qu'elle s'était présentée à la Cour d'assises de Paris. Voici ce qu'on lit dans le procès-verbal de la séance du 29 septembre 1824 : « Redingue, témoin appelé à la requête de l'accusé Jean, ayant déclaré ne pouvoir prêter serment à cause de sa religion (quaker) et M. l'avocat-général n'ayant pris aucun réquisitoire contraire, M. le président l'a dispensé de cette formalité et lui a fait promettre sous le rithme (*sic*) de sa religion, de parler sans haine et sans crainte, de dire toute la vérité et rien que la vérité »

(1) Arrêt du 30 décembre 1824, Bulletin criminel, n° 200, p. 612.

D'autres décisions pourraient encore faire penser que la Cour suprême n'admettrait pas sans difficulté, en matière criminelle, la substitution d'une affirmation à un serment. Elle déclare nul en effet le procès-verbal

serment civique. Mirabeau, alors président, tout en faisant pressentir à leurs députés une décision favorable sur leur demande, répondit que l'assemblée l'examinerait (1) ; mais la question fut ensuite oubliée.

Elle a au contraire été résolue en matière civile. Par une sorte d'extension du principe du droit romain adopté par plusieurs tribunaux français, que le serment étant un acte religieux aussi bien qu'un acte civil, doit être prêté selon les rites de la religion de celui à qui on le demande (2), les cours de Bordeaux et de cassation ont décidé en 1809 et 1810, la dernière sur les conclusions de votre savant collègue, M. le comte Merlin, que la simple affirmation d'un quaker équivalait à notre serment judiciaire (3).

Au fond, il n'y aurait entre l'affirmation des anabaptistes et des quakers et notre serment, que la seule différence naissant de la substitution du mot *jurer* au mot *affirmer*, si l'on n'avait pas joint au premier de ces mots un signe dont leur

d'un garde forestier lorsque *l'affirmation* exigée de lui par la loi, est remplacée par une *promesse* dont les termes ne donnent pas à entendre qu'elle a été faite sous serment. (Arrêts des 16 août 1811 et 20 et 29 février et 20 mars 1812, cités ou rapportés par Carnot, Instr. crimin., art. 16 et 213, édit. de 1829, tom. I, p. 162, n° 17, et p. 255, n° 4, et par M. Laporte, Dictionnaire des arrêts criminels, 1814, p. 178, n° 10.) Elle a, il est vrai, aussi jugé que le serment est régulier lorsqu'il a été prêté suivant la formule légale, en premier lieu, par un juif, sans y joindre les solennités propres à son culte s'il ne les a pas réclamées luimême (arrêts des 19 mai 1826 et 10 juillet 1828, Bulletin crim., n° 101 et 206); en deuxième lieu, par un mahométan, en y joignant au contraire ces solennités, par exemple l'apposition des mains sur le Koran (arrêt du 15 février 1838, Bull. crim., n° 42, et Journal criminel de M. Chauveau, 1838, p. 121). Mais dans ces hypothèses, il y avait un serment et non pas une simple affirmation.

(1) Séance du soir du 10 février 1791, Moniteur du 12, p. 174.

(2) V. notre Cours de procédure civile, 6ᵉ édit., 1835, tom. II, page 553, note 6, n° 3.

(3) Arrêt de Bordeaux du 14 mars 1809, maintenu en cassation le 28 mars 1810, Jurisprud. Cod. Napol., t. XIII, p. 112, t. XV, p. 22.

susceptibilité stoïcienne pourrait s'alarmer, savoir : l'action d'élever la main droite vers le ciel ; mais on pourrait sans scrupule, les en dispenser, parce que ce signe n'est point légal:

Témoins chaque jour de l'invitation de lever la main, adressée par les magistrats (1) aux personnes qui doivent prêter serment, on pourra trouver notre assertion singulière ; elle n'en est pas pour cela moins exacte : en un mot, la méthode dont nous parlons n'est absolument fondée que sur un usage (2).

C'est ce qu'a formellement reconnu, en 1808, la cour impériale de Turin (3) ; mais ce qu'elle n'a pas dit, sans doute parce que cela était inutile à sa décision, c'est que cet usage était assez incertain.

Si l'on consulte, en effet, les anciens auteurs de procédure, comme Imbert, au seizième siècle, et Despeisses, au dix-septième (4), on voit que, pour le signe joint au serment, l'on distinguait deux classes de personnes.

En premier lieu, les ecclésiastiques : ils prêtaient serment en mettant la main sur ce qu'on nommait le *Pict*, c'est-à-dire la poitrine, du mot latin *Pectus* (5) ;

---

(1) Ils y ajoutent souvent l'avis que ce doit être la main droite, que cette main doit être nue, et qu'on doit se tenir debout. *Voir les motifs de* l'arrêt de Turin, cité plus loin.

(2) Quelque ancien et quelque respectable que soit un usage, sa violation ne peut, on le sait, fournir un moyen de cassation. (Même Cours de procédure, 6e édit., t. II, p. 533, note 15.)

(3) Arrêt du 14 décembre, Jurisprud. C. Nap., t. XIII, pages 114 et suivantes.

(4) Imbert (il est cité p. 10, note 5), liv. I, ch. 19, n. 5, p. 331... Despeisses (il est cité, p. 8, note 1), t. II, p. 534, 535.

(5) Nous en avons des exemples dans les informations faites à Paris, en 1590, au sujet du meurtre du duc et du cardinal de Guise. Un prêtre et l'archevêque de Lyon y prêtèrent « serment de dire la vérité, *la main* » *mise sur le pict*, » est-il dit dans le procès-verbal. (Revue rétrospective, 1re série, 1835, t. IV, p. 222 et 233.)

En deuxième lieu, les laïques : ils le prêtaient en mettant la main sur l'évangile.

A ces deux classes, Despeisses, mort plus de 60 ans après Imbert, ou en 1658, en ajoute une troisième, savoir, les protestans : ils ne sont tenus, dit-il, que de lever la main.

C'est en effet ce qui leur avait été accordé par deux édits de pacification, et successivement par l'édit de Nantes (1), sur leur demande de n'être point forcés de jurer sur des reliques, telles que le bras de saint Antoine (2).

Les premiers ouvrages à notre connaissance, où l'on cite l'action de lever la main comme forme générale de prestation de serment, sans distinction de protestans et de catholiques, sont le Parfait Praticien, par Desmaisons, publié en 1675, in-4° (3), et le Praticien français, publié par un auteur inconnu, en 1697, in-12 (4); mais ce changement de méthode ne fut point complet : d'une part, les ecclésiastiques continuèrent jusqu'à la révolution de 1789, à placer la main sur le *Pict* ou la poitrine, comme l'énonce Pigeau, dans son édition de 1787 (5), et de l'autre, beaucoup de laïques continuèrent aussi à la placer sur l'évangile, comme on le voit dans Rodier,

(1) Edits de mai 1576, art. 12; de septembre 1577, art. 17; d'avril 1598, art. 24, cités par Despeisses (d. p. 535), et rapportés, du moins le premier et le troisième, dans le Recueil général des anciennes lois françaises, par MM. Isambert, Decrusy et Taillandier, tom. XIV, pag. 284, t. XV, p. 178.

(2) Voy. ci-devant, p. 9 et note 7 ibid... Ainsi, chose assez bizarre, c'est à un usage en quelque sorte consacré pour les protestans, que les catholiques ont fini par se conformer.

(3) L'auteur n'est désigné dans le titre de l'ouvrage, que par les initiales F. M.; mais dans le Catalogue de la bibliothèque de cassation (part. 2, p. 307), on le nomme Desmaisons.

(4) T. II, p. 661.. Cet ouvrage est à la Bibliothèque royale.

(5) T. I, p. 262. — Dans le chapitre du serment de la 1re édition qu'il a donnée après le Code de procédure, en 1807, Pigeau (t. I, pag. 241 à 251) ne parle point des formes de cet acte, quoiqu'il y ait reproduit

édition de 1784 (1), et comme cela se pratiqua encore en 1787, pour le serment des avocats et des procureurs à la rentrée du parlement de Grenoble; et nous ne connaissons aucune loi postérieure qui ait prohibé ces deux modes, ni consacré le mode actuellement en usage (2).

La réprobation dont les anabaptistes et les quakers avaient en quelque sorte frappé le serment, n'a exercé, nous l'avons vu, aucune influence sur les législateurs modernes : la chose s'explique assez en considérant qu'il s'agissait de l'opinion de sectes fort peu répandues en France; mais nous avons moins facilement conçu qu'ils n'aient donné aucune attention aux critiques de deux jurisconsultes et professeurs, dont les ouvrages sont entre les mains de tous les gens de loi, et dont l'un jouit, à juste titre, de la plus grande autorité parmi nous, Ferrière et Pothier.

« Il faut demeurer d'accord », dit Ferrière, dans son Diction- naire de droit, édition de 1749, plusieurs fois réimprimée de- puis (3), « il faut demeurer d'accord que le serment n'a été » introduit qu'à la honte de l'humanité; il suffit à l'homme de » connaître bien ses devoirs pour n'y pas manquer; la religion

comme dans le reste de son traité, tous les passages de l'édition de 1787 qui pouvaient concorder avec les dispositions nouvelles du Code.

(1) Page 112... Sa première édition parut en 1761. C'est le meilleur commentaire de la loi ancienne (ordonnance de 1667) de procédure.

(2) La loi, disait en 1809, le rédacteur principal (feu Victor Loiseau, avocat en cassation) de la Jurisprudence du Code civil (t. XIII, p. 117), la loi ne consacre aucune formule sacramentelle pour affirmer en justice, et c'est aussi ce qu'ont reconnu, 1o en 1812 et 1829, Carnot, Instruct. criminelle, 1re édition, tom. I, page 149, et 2e édit., tom. I, pag. 255; 2o en 1816, 1823 et 1830, Le Graverend, Traité de législation criminelle, 1re, 2e et 3e éditions, tom. I, chap. 6, sect. 6, § 1. (Voir également, page 23, ce que nous rapportons de la cour de Turin.

(3) Cette édition, revue par lui, parut après sa mort. Le passage que nous allons en rapporter, et qu'on lit au mot *Serment*, n'est point dans les éditions précédentes.

» du serment n'ajoute rien à l'étendue des obligations(c'est
» aussi ce que disaient les quakers (1), quarante ans après),
» tout comme la suppression du serment ne dispense point de
» les remplir.

» D'ailleurs, c'est la probité et non pas le serment qui em-
» pêche un homme de trahir la vérité, car les sermens ne
» font point naître en nous les vertus ; c'est pourquoi celui
» qui serait d'assez mauvaise foi pour oser certifier une faus-
» seté à la face de la justice, le serait encore pour violer son
» serment, et ceux qui ont quelques principes d'honneur,
» n'ont pas besoin d'être effrayés par la religion du serment,
» pour avoir horreur d'un tel mensonge. »

Avant de rapporter les paroles de Pothier, nous rappelle-
rons qu'une partie considérable de notre Code civil a été em-
pruntée à ses ouvrages. Dans son célèbre traité des Obligations, publié en 1761, et dont le titre des contrats du même
Code est extrait presque d'un bout à l'autre, Pothier, après
avoir décidé, en premier lieu, comme on l'a fait depuis dans
le même titre (art. 1366 et 1367), que le juge peut déférer
d'office le serment lorsque la demande ou la défense, sans être
pleinement justifiée, n'est pas totalement dénuée de preuves ;
en deuxième lieu, que si les indices dont s'appuie une des parties font naître quelque doute dans son esprit, il peut encore,
pour assurer sa religion, déférer le serment à l'adversaire de
cette partie, Pothier, disons-nous, s'exprime ainsi (2):

« Je ne conseillerais pas néanmoins aux juges d'user souvent
» de cette précaution, qui ne sert qu'à donner occasion à une
» infinité de parjures. Quand un individu est honnête homme
» il n'a pas besoin d'être retenu par la religion du serment
» pour ne pas demander ce qui ne lui est point dû, et pour

(1) Moniteur du 12 février 1791, p. 174.
(2) Partie 4, ch. 3, art. 3, § 1, n° 831.

» ne pas disconvenir de ce qu'il doit ; et quand il n'est pas hon-
» nête homme , il n'a aucune crainte de se parjurer. Depuis
» plus de quarante ans que je fais ma profession , j'ai vu une
» infinité de fois déférer le serment, et je n'ai pas vu arri-
» ver plus de deux fois qu'une partie ait été détournée par la
» religion du serment, de persister dans ce qu'elle avait sou-
» tenu. »

Voilà donc le serment judiciaire des parties, déjà réprouvé
(1) par le premier président Lamoignon, proscrit formellement
par deux anciens jurisconsultes et professeurs (2), parce qu'il
ne conduisait presque jamais qu'au parjure ! Admettons qu'on
ait pu ne point s'arrêter à leur avis en le voyant combattu par
un si long usage , et par les décisions de tant de législateurs
et de tribunaux, du moins aurait-on dû prendre en considération les faits graves sur lesquels l'exact, le consciencieux
Pothier appuie le sien, savoir que deux plaideurs entre une
foule d'autres (une infinité de fois , dit-il) auxquels il avait
vu déférer le serment, dans l'intervalle de quarante années (3),
deux plaideurs seulement avaient été contenus par la crainte
de se parjurer.

Et celui qui atteste ces faits était membre d'un tribunal
considérable de second degré, le bailliage-présidial d'Orléans,
dont le territoire contenait une population de plus de deux
cent mille âmes (4), ce qui, si l'on part seulement du rapport

(1) Voyez plus haut , p. 27, texte et notes.
(2) Ferrière était doyen des docteurs régens de l'Université de Paris ,
et Pothier, professeur de droit français à celle d'Orléans. Ce dernier avait
été pourvu de sa chaire en 1749 , douze années avant la première édition
de son Traité des obligations. (*Voyez* Oratio de laudibus R. J. Pothier,
en tête de son Pandectæ , édit. de 1782, p. 3.)
(3) Pothier avait à peine vingt-un ans lorsqu'il fut nommé conseiller au
présidial d'Orléans , c'est-à-dire vers 1720. (*Oratio de laudibus* , etc., p. 3.)
(4) Il a fallu nous livrer à de longues recherches pour fixer d'une ma-

existant entre la population et le nombre des procès soumis aux tribunaux actuels de second degré, ou tribunaux de première instance, d'après les admirables statistiques publiées au ministère de la justice, ferait déjà supposer qu'environ six cents procès étaient soumis, année commune (1), au tribunal où siégeait Pothier. Mais il faut partir d'un rapport plus élevé à cause de deux changemens capitaux faits en 1790 à la jurisdiction et à la procédure. D'une part, les bailliages-présidiaux statuaient sur l'appel de toutes les sentences des tribunaux du premier degré ou justices seigneuriales, tandis que nos tribunaux de première instance ne connaissent des appels des jugemens de paix que lorsqu'ils ont prononcé sur une valeur supérieure à cinquante francs (2); d'autre part, on n'était point assujéti jadis à l'épreuve de la conciliation, et cette épreuve prévient près du tiers des procès dans l'ancien ressort du présidial d'Orléans (3). Nous ne croyons donc pas exagérer

nlère assez approximative cette population. Nous avons été obligé entre autres, 1° de relever tous les noms des paroisses dépendantes du présidial d'Orléans, indiquées avec beaucoup d'autres, dans la table alphabétique mise à la tête des Coutumes d'Orléans, publiées dans cette ville, en 1740, chez Rouzaud-Montaud (2 vol. in 12); 2° de chercher et placer, à côté de chaque paroisse, sa population telle qu'elle est indiquée dans les annuaires du pays; 3° de faire une évaluation moyenne pour celles dont la population était omise, etc.... En résumé, nous croyons que le nombre auquel nous sommes arrivé (200,000) est plutôt au dessous qu'au dessus du nombre réel.

(1) Dans le ressort de la cour d'Orléans, on compte un procès par 35 habitans. *Voir* État de l'administration de la justice civile, de 1820 à 1830, rapport au roi, p. viij.

(2) Dans le même ressort, sur 69 habitans, il y a un procès soumis aux justices de paix. (État de l'administration de la justice pour 1834, rapport au roi, p. x.)

N. B. Ce mémoire était terminé depuis long-temps, lorsqu'on a élevé (loi du 25 mai 1838, art. 1er) à 100 francs le taux de dernier ressort des justices de paix.

(3) Même état de 1834, p. 276. — Nous pourrions encore tenir compte

en portant à un millier le nombre annuel des procès soumis à ce tribunal ; de sorte qu'à l'époque où Pothier faisait l'observation précédente, il pouvait avoir eu connaissance de trente ou quarante mille contestations judiciaires, expérience assez vaste, si l'on peut parler ainsi, pour lui donner le droit d'affirmer que le serment ne sert qu'à donner occasion à une infinité de parjures (1); mais expérience aussi qui nous encourage à adopter son opinion et à émettre le vœu qu'on supprime le serment déféré d'office, et même, par ce qu'il y a de semblables raisons, le serment en plaid, ou serment déféré par le juge pour l'appréciation de valeurs incertaines (2).

On objecterait en vain que, d'après l'assertion de Pothier, la délation du serment avait au moins servi dans deux circonstances.... Outre que le législateur ne doit point s'occuper des cas extraordinaires (3), ce serment donnant lieu à une infinité de parjures, tend par-là même à discréditer les autres espèces de sermens.

Nous ne dirons rien du serment décisoire ou serment suivi d'une décision définitive favorable au plaideur qui l'a prêté sur la délation de son adversaire, parce que celui-ci, étant libre de ne pas déférer le serment, s'est exposé de plein gré à une condamnation (4); mais devrons-nous adopter l'opinion de Ferrière, qui proscrit toute espèce de serment, opinion pour laquelle semble pencher Pothier ?... Devrons-nous sur-

---

des procès soumis aux prudhommes, qui se sont élevés au nombre de 62. (*Ibid.*, p. 286.)

(1) Il fallait qu'il en fût bien convaincu, vu son ton d'assurance, si différent de celui qui règne dans ses ouvrages.

(2) Code civil, art. 1369.

(3) *Jura constitui oportet in his quæ ut plurimum accidunt.* (Lois 4 et 5, Dig., de legibus.)

(4) Code civil, art. 1357 à 1365; Pothier, Obligations, n°s 817 à 825 (les art. 1357 à 1365 en sont extraits).

tout pour les jurés, les témoins, les experts, nous contenter d'une simple promesse comme le Code de brumaire?

Plusieurs considérations importantes nous portent à adopter ce dernier parti pour les jurés.

En premier lieu, les jurés sont choisis dans de certaines classes de la société qui, à raison de la fortune, ou des emplois, ou des dignités, font supposer, à un petit nombre d'exceptions près, une instruction plus ou moins grande, mais toujours assez étendue pour qu'on ne s'imagine point être plus lié par un serment que par une promesse (1).

En second lieu, pour que la substitution de la promesse au serment pût faire craindre, dans l'intérêt de la société, que les jurés fussent encore moins disposés qu'on ne le leur reproche, à se prononcer pour la culpabilité des accusés, il faudrait qu'en effet, sous l'empire du Code de brumaire, c'est-à-dire depuis qu'ils étaient dégagés du frein du serment, ils eussent manifesté une plus grande répugnance à déclarer les accusés coupables.

Or, l'expérience nous montre le contraire. Elle a été recueillie et constatée par un magistrat consciencieux, feu M. Bourguignon, successivement juge au tribunal criminel et conseiller à la cour royale de Paris (2). Dans ses mémoires sur le jury, à l'un desquels votre Académie avait décerné un prix en 1802 (an X), il donne un dépouillement des registres de

---

(1) Lorsqu'il s'élève une contestation sur la quotité des gages d'un ouvrier ou domestique, sur le paiement du salaire de l'année échue ou sur les à-comptes donnés pour l'année courante, les législateurs modernes, malgré leur confiance extraordinaire dans le serment, se contentent (Code civ. 1781)de la simple *affirmation* du maître.... Assurément, l'instruction de beaucoup de maîtres est bien inférieure à celle que nous pouvons en général attribuer aux jurés.

(2) Auteur, entre autres ouvrages, d'un Manuel d'instruct. criminelle, 1810, 2 vol. in-8; d'un Dictionnaire des lois pénales, 1811, 3 vol., in-8.

la cour criminelle et de la cour spéciale de la Seine, dont l'une jugeait avec assistance, et l'autre sans assistance de jurés. Il en résulte que pendant environ huit années, de 1800 à 1808, les jurés n'acquittaient qu'un quart des accusés, tandis que les juges spéciaux en acquittaient plus d'un tiers (1).

La substitution de la promesse au serment pourrait encore moins aujourd'hui faire craindre un accroissement d'indulgence chez les jurés, puisqu'ils sont choisis dans des classes qui font supposer encore plus d'instruction que sous le Code de brumaire, où il suffisait d'être électeur, c'est-à-dire d'avoir alors un revenu ou de payer un loyer de cent à deux cents francs (2).

Ajoutons que plus on réduira l'usage du serment et plus on lui donnera d'efficacité dans les circonstances où une sorte de nécessité force à le maintenir, comme lorsqu'il s'agit de matières politiques, ou de promotions à de nouveaux emplois.

Des motifs inverses des précédens, nous engageraient à maintenir le serment pour les témoins. Le plus grand nombre d'entre eux appartient à des classes dépourvues d'instruction. Elles ne concevraient peut-être pas cette espèce de théorème des qua-

(1) Second mémoire sur le jury, an xij-1804, p. 71 ; 3e *idem*, 1808, page 92.

(2) Code de brumaire, art. 483 ; constitution de l'an III, art. 35.
S'il y a encore, comme on nous l'avait objecté, et comme on l'a répété depuis, des jurés qui ne savent pas lire, fait peu probable, soit à cause du revenu (1000 à 1500 fr.) que fait supposer le cens électoral actuel, soit parce que les préfets ne les comprendraient pas dans le quart auquel ils réduisent la liste sur laquelle se fait le tirage (v. C.-cr. 382 et 387) ; soit parce que ces jurés demanderaient eux-mêmes leur élimination; soit parce que le ministère public les récuserait... on n'en pourrait rien induire, puisque, vu la différence du revenu, il y avait assurément beaucoup plus de jurés illettrés sous l'empire du Code de brumaire, sous lequel, néanmoins, la substitution de la promesse au serment n'avait pas donné lieu à des inconvéniens.

kers, de Ferrière et de Pothier, que le serment n'ajoute rien à l'étendue des obligations (1); elles paraissent au contraire imbues d'une idée différente (voy. p. 38, note *a*). Entre plusieurs faits que nous avons observés et qui nous l'ont persuadé, nous en avons choisi deux.

Dans un procès assez considérable entre une fermière et son propriétaire sur une restitution de fruits et surtout de chanvre, le tribunal civil de Grenoble avait ordonné une enquête, il y a une vingtaine d'années. On conseilla alors à la fermière de rechercher avant de laisser commencer cette procédure coûteuse, si ses souvenirs sur les produits dont elle donnait la note, s'accordaient avec ceux des témoins principaux qu'on devait faire entendre. Elle s'adressa aux cinqueneurs, c'est-à-dire aux ouvriers auxquels, dans ce pays, on accordait la cinquième partie du chanvre (1), pour l'arracher, le faire rouir et sécher, et le mettre en paquets ou bottes. Elle rapporta sa note confirmée dans chacun de ses points, par leurs récits.

Tout changea de face devant le juge-commissaire de l'enquête; les quantités déclarées par les cinqueneurs dans leurs dépositions, furent doubles ou triples de celles de la note. La fermière leur en ayant fait des reproches, ils lui répondirent : Vous demandiez si tel ou tel fonds n'avait pas produit tant de bottes : nous vous avons répondu *oui*, sans doute sans y avoir assez réfléchi, et un peu aussi parce que cela paraissait vous faire plaisir; mais auriez-vous donc voulu qu'ensuite nous eussions fait un faux serment ?

(1) Voyez plus haut, p. 25 et 26, texte et notes.

(2) Depuis long-temps on ne leur en accorde que la 6ᵉ partie, et toutefois on a continué à les nommer *cinqueneurs*; et cela s'est même pratiqué à l'égard de certains ouvriers qui, pour d'autres opérations rurales, reçoivent une portion de récolte plus faible, telle que la 7ᵉ partie, la 8ᵉ, etc.

Nous demanderons un peu d'indulgence pour le second exemple, à cause de sa trivialité, mais il nous a semblé encore plus propre à peindre les mœurs et les opinions de la classe dont nous avons parlé, et ce sont surtout les mœurs et les opinions qu'il faut étudier, lorsqu'il s'agit de perfectionnemens ou de modifications dans les lois.

Vers 1786, un capucin nommé père Basile, faisait une mission à Vif, bourg assez populeux du Dauphiné. Arrivé à l'une des dernières cérémonies, c'est-à-dire à l'amende honorable qu'il était dans l'usage de faire faire aux fidèles, il en prononça lui-même les termes à haute voix, dans la chaire évangélique. « Promettez à Dieu, dit-il, entre autres, de ne plus » retomber dans vos anciens péchés.... Jurez-le.... Levez la » main ! »

Entraînés par la voix tonnante du missionnaire et par son geste, qui servait en quelque sorte de guide, presque tous les assistans et surtout les assistantes levèrent la main.

Au sortir de l'église, il y eut un attroupement de femmes, une espèce d'émeute contre père Basile, et il fut obligé de s'échapper par une porte fermée au public. L'avez-vous vu, s'écriaient-elles dans leur patois, bien plus expressif que ma traduction, « l'avez-vous vu..? l'avez-vous entendu, ce père?.. A quoi nous a-t-il poussées?.. à faire un faux-serment... On peut bien promettre de très-bonne foi de ne plus pécher, parce qu'on le pense en le promettant ; mais le jurer, lorsqu'on sait trop qu'on ne peut guère s'empêcher de trahir cette promesse !. c'est un parjure ! »

Toutefois, si nous sommes d'avis de maintenir les règles relatives au serment pour les témoins, ce ne serait point sans quelques modifications, du moins pour le serment exigé d'eux aux assises.

La première modification que nous y apporterions concerne

la formule du serment, qui est « de parler sans haine et sans
»crainte, de dire toute la vérité, rien que la vérité»... Elle nous
semble trop étendue et de nature à alarmer quelques con-
sciences. Nous pencherions à en faire supprimer la première
partie, ou les mots *sans haine et sans crainte*, ou au moins les
mots *sans crainte*. Nous avons été frappés de la déclaration naïve
d'un des témoins du procès fait à un des personnages accusés d'avoir pris part, en 1832, à l'expédition de la duchesse
de Berri. Il répondit à l'interpellation du président des assises, qu'il ne pouvait pas jurer *de parler sans crainte*,...
et, en effet, outre que la crainte est un sentiment dont tout
le monde n'a pas la force de se rendre maître, on sait trop
que dans ces sortes de procès, les témoins sincères courent
des risques, et pour leurs biens, et pour leurs personnes.

Notre sentiment est d'ailleurs, même pour toute la première partie de la formule, confirmé par la pratique du
royaume de Naples, du moins si nous en jugeons par la traduction que D. Giuseppe Malta y a faite en 1824, de la seconde édition de notre cours de droit criminel (1), et qu'il
annonce vouloir faire concorder avec le droit en vigueur dans
son pays.

En effet, à ces mots de notre cours (2), ils (les témoins)
prêtent serment de parler sans haine et sans crainte, de dire
toute la vérité et rien que la vérité, D. Malta (p. 195) sub-
stitue ceux-ci : *Essi prestano il giuramento di dire la verità,
e nulla altro che la verità* (3).

(1) Corso di dritto penale, fatto alla Facoltà di dritto di Parigi, da
M. Berriat-Saint-Prix, *adattato* alle leggi penali, e di procedura nei
giudici penali vigenti nel regno delle due Sicilie, Napoli, dai torchi di
Raffaele di Napoli.

(2) Même seconde édition, p. 140 (4e édit., 1836, p. 177).

(3) Telle est en effet la seule formule prescrite tant au grand qu'au petit
criminel (ces derniers mots désignent les polices simple et correction-

Au contraire, pour le serment en matière civile, on y a maintenu dans son intégrité, la formule beaucoup plus simple du code judiciaire français, si nous en jugeons aussi par la traduction de la cinquième édition de notre cours de procédure, donnée à Naples en 1826-1827, par M. l'avocat Nicolas Rossi (1), où il rend nos expressions : chaque témoin doit jurer de dire la vérité (2), par celles-ci (t. I, p. 131) : *ciascuno deve... giurare di dire la verità.*

Notre seconde modification concernerait l'espèce de rigorisme apporté à l'application des règles relatives au serment. Nous ne pensons pas, en premier lieu, comme on peut le pressentir par ce que nous avons fait observer à l'occasion du procès Fualdès, qu'il fallût s'attacher aussi strictement à toute la formule légale ; nous ne verrions au contraire point d'inconvéniens à ce que l'on se contentât d'expressions équivalentes, ainsi qu'on le fait pour le serment des interprètes (3); en second lieu, qu'il fallût surtout faire dépendre la validité des arrêts de cours d'assises, de simples omissions ou irrégularités dans les procès-verbaux des sessions, suites évidentes de

nelle.... Voir même cours, 4e édition, p. 33, note 25), par les dernières lois pénales de Sicile (art. 247, 87, 369 et 410 comparés), comme nous l'avons vu depuis la composition de notre mémoire, par la traduction qu'en a faite M. Foucher, dans sa Collection précieuse des codes étrangers, partie des lois de Sicile, 1836, in-8, p. 99, 40, 139 et 151.

(1) Corso di procedura civile, ad uso della facoltà di dritto di Parigi, del signor Berriat-Saint-Prix, versione italiana della quinta edizione francese, con osservazioni sul dritto napolitano... Napoli, dai torchi del Tramater.

(2) Même 5e édit., tom. I, page 296 (6e édit., 1835, tom. I, p. 333)

(3) Arrêts de rejet ou de cassation, des 16 avril 1818, 4 février 1819, 15 avril 1824, au Bulletin criminel.

Comme une traduction inexacte de dépositions ou d'observations essentielles peut être quelquefois plus préjudiciable à l'accusé qu'une déposition mensongère, on ne devrait pas trouver étrange que l'on se contentât d'expressions équivalentes pour le serment des témoins, puisqu'elles suffisent pour celui des interprètes.

pures inadvertances (1) ; car il est difficile de supposer que des magistrats éminens, tels que les présidens de ces cours, aient violé ou omis, à dessein et en audience publique, des formalités essentielles ; et l'on devrait, au contraire, comme cela est admis dans d'autres circonstances (2), présumerque

(1) Telle fut sans doute l'omission qui fit casser le premier arrêt Fualdès (ci-dev., p. 16 et 17, et note 5, *ibid.*)... Il y avait en effet 77 témoins à décharge ; le serment de 16 d'entre eux seulement n'était pas constaté. Est-il à présumer qu'on eût négligé de le leur faire prêter dès qu'on avait eu ce soin pour les 61 autres ?

(2) « Vous avez », disait M.⁵Merlin, dans un réquisitoire soumis à la cour suprême (Recueil alphabétique, mot *bail*, § 8, 2ᵉ édition, tome I, page 271), « vous avez *constamment* tenu pour principe que la présomp-
» tion doit toujours être en faveur de la régularité des opérations judi-
» ciaires, surtout lorsqu'elles ne sont pas contredites au moment où elles
» se font. »

Quel inconvénient y aurait-il à admettre un semblable principe dans les débats criminels, où les opérations, ayant en quelque sorte, plus de publicité, peuvent être plus facilement surveillées que dans les débats civils ?

N. B. Cette note a été lue à l'Académie ; nous y ajouterons l'observation suivante :

Il s'est déjà présenté quelques circonstances où la cour de cassation a admis le même principe en matière criminelle ; en voici une :

D'après l'article 13 de la loi du 2 mai 1827, copié en 1832, dans l'article 394 du Code criminel, on peut, dans les affaires de nature à entraîner de longs débats, tirer au sort deux jurés suppléans, afin de remplacer ceux des jurés titulaires qui ne pourraient pas suivre les débats jusqu'à la fin, de sorte que, dans le cas contraire, les suppléans doivent se retirer avant la délibération des jurés titulaires. Cette *retraite* n'ayant point été constatée par le procès-verbal d'une affaire soumise à une cour d'assises en 1836, le condamné se pourvut en cassation. Il se fondait sur le principe précédemment rappelé, que toute forme non énoncée dans le procès-verbal, est réputée omise, et sur ce que, par conséquent, on pouvait penser que les jurés suppléans avaient pris part à la déclaration des jurés titulaires ; mais son pourvoi fut rejeté le 30 septembre 1836, par le motif « que le procès-verbal n'énonçait pas qu'aucun des douze
» jurés titulaires eût été empêché de concourir à cette déclaration ; qu'il
» y avait donc *présomption légale* qu'ils l'avaient seuls délibérée et for-
» mée. » (Journal du droit criminel, 1836, p. 226.)

Cette décision est d'autant plus remarquable, qu'au nombre des motifs

les opérations de ces magistrats ont été régulières tant que le condamné n'offrirait pas d'en prouver l'irrégularité (1).

A l'égard des experts et des interprètes, nous les assimilerions aux témoins. Sans doute, des hommes tels que les Desault, les Dubois, les Fourcroy, les Vauquelin, les Corvisart, appelés ou consultés pour des opérations ou des questions de médecine légale, et cette remarque, il est inutile de le dire, s'applique aujourd'hui à leurs illustres successeurs, n'auraient pas eu besoin de prêter un serment pour se croire astreints à fournir avec scrupule, ou suivant l'expression du code, *en leur honneur et conscience* (2), les renseignemens demandés par la justice ; mais des hommes de classes moins instruites, de simples ouvriers même, peuvent aussi être appelés aux fonctions soit d'experts, soit d'interprètes, et alors le serment nous paraît utile.

En résumé, nous avons la ferme persuasion que les législateurs modernes ont trop prodigué la solennité du serment;

Que, par-là même, ils en ont diminué l'efficacité dans les circonstances où il pourrait être utile;

Qu'en conséquence, il faudrait le supprimer dans celles que nous avons indiquées, sauf, dans quelques unes, à lui substituer une simple affirmation ou promesse ;

Et que dans celles où il serait maintenu, il ne faudrait ni en regarder les termes comme constituant une espèce de

pour lesquels on avait annulé, le 30 octobre 1828 (Bulletin criminel), un autre arrêt de cour d'assises, était celui-ci : « le procès-verbal ne décla-» rait pas qu'au moment où le jury était entré dans sa chambre, les deux » jurés suppléans se fussent retirés. »

(1) Et surtout s'il n'avait pas réclamé à l'instant même où, pour ainsi parler, avaient lieu, soit l'omission, soit la violation de forme d'où résulte l'irrégularité. (Voir ci-devant, pag. 36, note 2.)

(2) *Voy.* notre Cours de droit criminel, 4e édition, p. 131, note 14.

sacrement (1), ni supposer que le juge eût négligé de les faire exprimer avec régularité, à moins que la partie intéressée n'offrît la preuve (2) de cette négligence (3).

(1) Le conseil d'état vient de se montrer encore plus facile, si l'on peut parler ainsi. Il a décidé, en effet, que le président d'un collége municipal avait pu se dispenser de lire aux électeurs la formule du serment, et qu'il avait suffi pour la régularité de la prestation, qu'il leur *mit sous les yeux* cette formule, en les invitant à lever la main. (*Gazette des tribunaux* du 26 juillet 1838.)

(2) Voy. aussi pag. 37, note 1.

(3) En France, nous l'avons remarqué (pag. 31 et 32), les classes pauvres paraissent imbues de l'idée que le serment ajoute à l'étendue des obligations.... Il en serait autrement en Italie, si l'on s'en rapporte à cette observation piquante de lord Brougham : « Dans ce pays, dit-il, si fertile » en intrigans et en femmes perdues, les faux sermens poussent tout seuls » et sans culture, sur un sol d'ignorance et de superstition. » (*Mémoire* sur le procès de la reine d'Angleterre, dans la *Gazette des Tribunaux* du 3 août 1838, pag. 999.)

FIN.

La *Revue de législation et de jurisprudence*, dans laquelle on a inséré (tom. VIII, pag. 241 et suivantes) les Réflexions et recherches précédentes, fut commencée en 1834 par plusieurs jurisconsultes et publicistes sous la direction de M. Wolowski, avocat à la cour royale. C'est un recueil infiniment utile par le grand nombre de mémoires curieux qu'il renferme sur les objets indiqués par son titre. Il en paraît, à la fin de chaque mois, un cahier de plusieurs feuilles (quatre au moins) d'impression. On s'abonne à Paris, au bureau de rédaction, rue des Beaux-Arts, 9 (B. S.).

Les sept premiers volumes sont en vente, *brochés*, au prix d'abonnement; mais en souscrivant à l'année d'avril 1838 à mars 1839, on ne paie la collection de ces sept volumes que 52 fr. pour Paris et 56 fr. pour la province.

Le tome VII contient le travail de M. L. Wolowski, avocat à la Cour royale de Paris, rédacteur en chef de la *Revue*, sur les *Sociétés par actions*. Ce travail, tiré séparément, forme une brochure de cent pages et se vend 2 fr. 50 c.

www.ingramcontent.com/pod-product-compliance
Lightning Source LLC
Chambersburg PA
CBHW060446210326
41520CB00015B/3857